Paulinchen

Paulinchen, Angela, Hans Limmer und
David Crossley freuen sich sehr,
dass der Tulipan Verlag viele Kinder wieder erleben lässt,
was zu schade ist, vergessen zu werden.

H. L.

Hans Limmer • David Crossley

Paulinchen

Die Geschichte von einem Glücksschwein,
das beinahe Pech gehabt hätte

TULIPAN VERLAG

Immer zu Hause sitzen ist langweilig.
Findet ihr das nicht auch?
Hippi und ich treiben uns jedenfalls viel
lieber draußen herum.
Wer Hippi ist, möchtet ihr wissen?
Sie ist die liebste Puppe der Welt.
Darum nehme ich sie überallhin mit.
Sie war auch damals dabei, als ich jene
merkwürdige Sache erlebte, die ich euch
unbedingt erzählen muss.

Wir waren zuerst eine Weile herumgelaufen.
Dann hatte ich Hippi ins Gras gesetzt.
»Mach's dir gemütlich«, hatte ich gesagt,
»ich pflücke ein paar Blumen.«
Davon gab's eine Menge hier auf der Wiese neben der Straße.
Rote mit einem schwarzen Punkt in der Mitte
und weiße mit einem gelben Punkt.
Und kleine blaue, die hatten keinen Punkt in der Mitte.
Doch als ich wieder einmal aufschaute, sah ich etwas anderes.
Das war so komisch, dass ich die vielen roten
und weißen und blauen Blumen mit und ohne
Punkte und auch Hippi ganz vergaß.

Drüben auf der Straße bewegte sich etwas.

Aber es war kein Auto.

Und kein Fuhrwerk.

Und kein Radfahrer.

Es war ein kleiner Sack.

Ihr werdet es nicht glauben,

aber ich konnte ihn deutlich sehen.

Langsam spazierte er hinter der Kurve hervor

und kam auf mich zu.

»Angela«, sagte ich zu mir selber,

»das ist ein tolles Ding.«

So was – denkt ihr jetzt.

Ein Sack, der laufen kann – das gibt's doch nicht.

Das dachte ich auch.

Darum wollte ich mir den Hokuspokus-Zaubersack

aus der Nähe ansehen.

Ob ich hinlaufen sollte?

Als ich auf der Straße war, bekam ich ein bisschen Angst.

Also wartete ich.

»Und wenn's gefährlich wird,

läufst du einfach davon«, dachte ich.

Es wurde aber nicht gefährlich.
Im Gegenteil.
Es wurde sehr lustig.
Ihr werdet es ja gleich sehen.
Der Sack kam näher und näher.
Er hatte vier Beinchen und ging,
wie feine Damen gehen,
wenn sie hohe Absätze haben.

Neugierig beguckte ich ihn
mir von allen Seiten.
Er sah wirklich zum Lachen aus.
Wenn ich ein paar Schritte von ihm
wegging, lief er sogar hinter mir her.
Und als wir auf die Wiese kamen,
setzte er sich vor mich hin und
fing zu sprechen an.

Halt – war das der Sack,
der so seltsame Laute von sich gab?
Oder steckte vielleicht einer drin?
Da war eine Schnur.
Mit der war der Sack zugebunden.
»Angela«, sagte ich wieder zu mir selber,
»du musst nachschauen, was da los ist.«
Und ich fing an, den Knoten aufzumachen.

Welche Überraschung!
Da seht ihr nun, dass ihr mir die Geschichte
von dem Sack, der laufen konnte,
schon glauben könnt.

»Du bist aber hübsch«, sagte ich.
»Und weil du nicht aus Marzipan bist
und auch nicht aus Porzellan wie mein Sparschwein,
darum musst du ein Glücksschwein sein. Wie heißt du denn?«

Da flüsterte es mir etwas ins Ohr.
Und wenn ich auch die Schweinchensprache nicht genau verstehe,
so hörte ich doch, wie es Pau – lin – chen grunzte.

Dann stupste es seine Nase, die aussah wie eine Steckdose, an meine Nase.
>Aha«, dachte ich, »das ist wohl die Art, wie Schweinchen Guten Tag sagen.«
Und ich stupste auch meine Nase an seine.

»Das wird eine Freude zu Hause geben«, sagte ich.
»Komm, Paulinchen, du musst auch Papa und Mama
und meine Schwester Susi kennenlernen. Und Hippi natürlich auch.«
Hippi und Paulinchen waren sofort gute Freunde.
So schnell wir konnten, rannten wir heimwärts.

»Ist es nicht wundervoll!«, rief ich schon von Weitem.

»Ist es nicht großartig! Ist es nicht herrlich!«

Ich rief alle Wörter, die Papa und Mama immer sagen,

wenn ihnen etwas gut gefällt.

Ich glaube, diesmal haben sie sich aber mehr als sonst gewundert.

»Angelika, Angelika, du machst schöne Sachen«,

sagte Mama und schüttelte den Kopf.

Die Großen nennen mich meistens Angela. Wenn sie Angelika

zu mir sagen und dazu auch noch den Kopf schütteln,

hat das etwas Besonderes zu bedeuten.

Wahrscheinlich freuen sie sich darüber, dass mir immer was Gutes einfällt.

Papa schüttelte auch den Kopf und meinte:

»So ein Schweinchen hat uns gerade noch gefehlt.«

»Das habe ich auch gedacht«, sagte ich,

»darum habe ich es gleich mitgebracht.

Ist es nicht wundervoll! Es heißt Paulinchen.«

»Wo hast du es denn gefunden?«, fragte Papa.

»Gefunden?«, sagte ich. »Ich habe es überhaupt nicht gefunden.

Es ist zu mir gekommen. Von ganz allein. Und es war in einem Sack.

Und der Sack hat sich vor mich hingesetzt. Es darf doch bei uns bleiben?«

»Hm −«, sagte Papa bloß.

Das sagt er immer, wenn er nichts mehr weiß.

Er wusste aber doch noch was.

Das hat er aber erst später gesagt.

»Und woher sollen wir jetzt einen Stall nehmen?«, sagte Mama.
Aber meine Schwester Susi wusste es besser.
»Paulinchen ist kein gewöhnliches Schwein«, sagte sie.
»Paulinchen darf nicht in einem Stall wohnen.
Paulinchen braucht ein Haus.«
Also holten Susi und ich Papas Werkzeugkiste und gingen
mit Paulinchen in jene Ecke des Gartens, wo altes Holz,
rostiges Blech, Kisten, Schachteln, Draht und sonstige
wichtige Dinge aufbewahrt werden, und fingen an zu bauen.
Es wurde ein schönes Haus.
Ich glaube, Paulinchen war sehr zufrieden.
Und damit alle Leute wussten, wer hier wohnte,
schrieb Susi Paulinchens Namen über die Tür.

Von dem Tag an begann für Paulinchen und mich eine schöne Zeit.
Morgens, mittags und abends aßen wir miteinander.
Paulinchen hatte von Anfang an den gleichen guten Appetit wie ich.
Hippi staunte oft, welche Mengen wir verdrücken konnten.

Paulinchen war der beste Spielkamerad, den ihr euch denken könnt.
Immer war es gut aufgelegt.
Alles konnte ich mit ihm ausprobieren.

Gern ließ es sich von mir im Garten spazieren fahren.

Oder wir
kramten
zusammen
in Mamas
Lumpen-
kiste.

Mit Bauklötzen kam Paulinchen allerdings nicht zurecht.
Immer wieder sagte ich zu ihm:
»Du darfst deine Nase nicht überall hineinstecken.«
Aber alle meine Häuser und Türme warf es um.
Da dachte ich manchmal: »Paulinchen ist dumm.«

Paulinchen war aber nicht dumm. Es war sogar sehr schlau.
Ich habe eine Menge von ihm gelernt.
Zum Beispiel, dass man in Mülltonnen oft die schönsten Sachen findet.
Ich verstehe gar nicht, dass Papa immer sagt:
»So etwas tut man nicht.«

An warmen Tagen spielten wir Paulinchens Lieblingsspiel.
Mama nannte es eine Schweinerei.
Und jedes Mal, wenn wir von diesem Spiel nach Hause kamen,
schien Mama mich mit Paulinchen zu verwechseln.
Denn sie sagte dann:
»Angela, du bist ein Schweinchen.«
Vielleicht sagte sie das aber auch nur, weil sie mich
bestimmt genauso gernhat wie Paulinchen.

Wir beide hatten nicht nur gute Laune, wenn die Sonne schien.
Selbst beim schlimmsten Regen waren wir unterwegs.
Denn wir hörten gern, wie die dicken Regentropfen
auf Papas Schirm trommelten.
Manchmal grunzte Paulinchen ein Schweinchenlied dazu.

Ein großes Ereignis war es, wenn ich mit Papa
und Mama in die Stadt fahren durfte.
Hippi hatte ich schon früher mitgenommen.
Jetzt nahm ich selbstverständlich auch Paulinchen mit.
Mama machte mich fein mit meinem besten Kleid.
Und ich machte Paulinchen fein mit den bunten
Holzkugeln aus meiner Spielzeugkiste.
Ihr müsst nicht denken, dass Paulinchen sich
im Verkehr nicht zurechtfand.
Selbst der Polizist auf der Straßenkreuzung staunte jedes Mal,
wenn er uns kommen sah.

Während Papa ins Radiogeschäft und Mama
zum Metzger ging, kaufte ich für Paulinchen Obst und Gemüse.

Danach warteten wir meistens in einem Café,
bis Papa und Mama alles besorgt hatten.
Paulinchen traute sich kaum, aus seiner Tasche herauszugucken.
Ich glaube, es schämte sich ein bisschen unter den vielen
fremden Leuten.
Verstehen kann man das schon.
Schließlich war Paulinchen ja ein Schweinchen.

So war ein Tag schöner als der andere.
Paulinchen und ich wurden unzertrennliche Freunde.

Nur einmal sagte Papa zu mir etwas,
das wollte mir gar nicht in den Kopf.
Es war das, was er am ersten Tag nicht gesagt hatte, erinnert ihr euch?
»Ich glaube«, sagte er, »irgendjemand hat Paulinchen verloren.
Wir müssen uns erkundigen. Und wenn wir es erfahren,
dann müssen wir das Schweinchen zurückgeben.«
»Hm –«, sagte ich bloß, weil ich wirklich nichts anderes wusste.
Aber bald dachte ich nicht mehr daran.
Es schien alles in Ordnung.

Eines Tages passierte es dann.

Paulinchen und ich spielten gerade Räuber und Polizist.

Da klopfte es an unsere Tür.

Papa schaute nach, wer draußen war.

Paulinchen und ich gingen auch mit.

»Sei nicht so neugierig«, sagte Papa.

Aber ich bin nun mal neugierig.

Da kann man nichts machen.

Vor der Tür stand ein fremder Mann.

Es war der Bauer, der Paulinchen verloren hatte.

Das hatte ich gleich heraus.

Er sprach lange mit Papa.

Ich verstand nicht alles, worüber sie sprachen.

Aber es drehte sich um Paulinchen, so viel war klar.

Zum Schluss sagte der Bauer:

»Also dann, morgen um neun.«

Und weg war er.

Dann hielt Papa mir eine Rede.
Das tut er nur, wenn was Schlimmes dabei herauskommt.
»Der Bauer hat sich gefreut, dass Paulinchen
es so gut bei uns hat«, sagte er.
Da freute ich mich auch.
»Aber Paulinchen ist jetzt schon so groß,
dass der Bauer es morgen abholen und
zum Metzger bringen will«, sagte er darauf.
Da freute ich mich nicht mehr.
Und ich dachte: »Die großen Leute sind zwar sehr groß,
aber von kleinen Schweinchen scheinen
sie überhaupt nichts zu verstehen.«

Paulinchen hatte natürlich von alldem keine Ahnung,
sondern war vergnügt wie immer.
»Bis morgen ist ja noch viel Zeit«, sagte Mama.
Ich glaube, sie wollte mich trösten.
Aber ich war zu traurig.
Ich erzählte Paulinchen, was sie mit ihm vorhatten,
und überlegte, ob man nicht etwas dagegen tun könnte.
Aber mir fiel nichts ein.
Am Abend konnte ich vor Aufregung lange nicht einschlafen.
Die ganze Nacht träumte ich von Paulinchen.
Doch als ich am anderen Morgen aufwachte,
da wusste ich einen Ausweg.
Ich glaube, er war mir im Traum eingefallen.

Papa war fortgegangen.
Mama war in der Küche.
Susi spielte mit ihren Puppen.
Niemand achtete auf Paulinchen und mich.
Schnell packte ich in Papas Rucksack
etwas zum Essen und Trinken, zum Spielen und zum Schlafen.
Hippi setzte ich auch hinein.

»Komm«, sagte ich zu Paulinchen,
»wir müssen fort, ehe es zu spät ist.«
Paulinchen verstand gleich, dass die Sache eilig war.
Und eins-zwei-drei waren wir verschwunden.

Zum Glück sah uns niemand, als wir davonschlichen.
»Das hätten wir geschafft«, dachte ich.
»Bald sind wir weit fort. Dann können sie
Paulinchen nicht mehr erwischen.«

Auf der Wiese vor dem Dorf trafen wir Emma, die schwarze Kuh.
»Stell dir vor«, sagte ich zu ihr, »sie wollen Paulinchen
holen und zum Metzger bringen. Aber wir laufen davon.«
»Muuuuu ...«, sagte Emma und nickte mit dem Kopf,
was wohl so viel bedeuten sollte wie:
Das Beste, was ihr machen könnt.

»Sie werden uns bestimmt suchen«, sagte ich.
»Dann fragen sie dich vielleicht, ob du uns gesehen hast.
Bitte, sag niemandem, dass wir hier gewesen sind.«
»Muuuuu ... muuuuu ...«, sagte Emma wieder.
Da wusste ich, dass sie uns nicht verraten würde.
Wir winkten noch einmal und gingen weiter.

Kurz darauf begegneten wir Emil, dem Schafbock.
Er hat runde Hörner wie Zuckerschnecken und ist furchtbar wild.
Doch Paulinchen und ich sind seine Freunde, uns tut er nichts.
»Stell dir vor«, sagte ich auch zu ihm, »sie wollen Paulinchen
holen und zum Metzger bringen. Aber wir laufen davon.«
»Määäää ...«, sagte Emil und stampfte mit dem Fuß,
was wohl so viel heißen sollte wie:
Das ist das Gescheiteste, was ihr machen könnt.
»Bestimmt suchen sie uns bald«, sagte ich auch zu Emil.
»Wenn sie dich fragen, ob du uns gesehen hast,
dann sag bitte niemandem, dass wir hier gewesen sind.«
»Määäää ... määäää ...«, sagte Emil wieder.
Da wusste ich, dass auch er uns nicht verraten würde.

Danach kamen wir in den Wald.
Die Bäume rauschten, und kleine Vögel flogen neben uns her,
von einem Zweig auf den anderen.
Paulinchen war noch nie im Wald gewesen.
Es ging langsamer und langsamer und blieb schließlich stehen.
»Hab keine Angst«, sagte ich.
»Was da in den Bäumen rauscht, das ist bloß der Wind.
Und die kleinen Vögel sind genauso lieb wie die Spatzen daheim.«
Und damit Paulinchen sich nicht mehr fürchtete, gab ich ihm eine Nuss.
Nüsse mochte es nämlich so gern, wie ihr Bonbons mögt.
Tiefer und tiefer gingen wir in den Wald hinein.

Ich weiß nicht, wie lange wir schon unterwegs waren.
Ich merkte nur auf einmal, dass mein Bauch ganz leer war.
»Du hast bestimmt auch Hunger«, sagte ich zu Paulinchen.
»Was hältst du von einer Rast?«
Paulinchen war sofort einverstanden.
Und weil wir beide einen so aufregenden Ausflug machten,
schmeckte es uns doppelt so gut.

Als wir aus dem Wald herauskamen, ging es bergan,
zuerst nur ein wenig und dann immer steiler.
Zuletzt mussten wir klettern.
Ihr könnt euch gar nicht vorstellen, wie gut Paulinchen das konnte.
Selbst die größten Felsen schaffte es spielend.

Endlich erreichten wir die Stelle, wo wir uns verstecken wollten.

Ich kannte die Gegend, weil ich vorher schon öfter mit Papa und Mama und Susi hier gewesen war.

Susi und ich hatten dann immer Verstecken gespielt.

Es gab nämlich eine kleine Höhle hier.

Jetzt war das Verstecken aber kein Spiel.

Jetzt war es ganz ernst.

»Siehst du«, sagte ich zu Paulinchen, »das ist unsere neue Wohnung.«

Paulinchen schnüffelte überall herum und grunzte zufrieden.

Ich glaube, es lachte sogar ein bisschen.

Wir richteten uns ein, so gut es ging.
Die großen Leute meinen, so eine Höhle sei nichts weiter
als ein schmutziges Loch für Spinnen und Tausendfüßler.
Wenn sie wüssten, wie gemütlich es in so einem
Schlupfwinkel sein kann!

»Hier finden sie uns bestimmt nicht«, sagte ich zu Paulinchen.
»Hier sind wir sicher. Sie werden sich schön wundern,
weil wir auf einmal nicht mehr da sind. Das haben sie nun davon,
dass sie dich von mir fortholen wollten.«
Hippi war auch sehr froh darüber, dass alles so gut geklappt hatte.
Es geht eben nichts über eine gute Freundschaft.

Wir hatten schon eine ganze Weile beisammengesessen.
Ich erzählte Hippi und Paulinchen Geschichten.
Da hörten wir auf einmal Schritte.
Es war ein Getrappel wie von vielen Schuhen.
Das Getrappel kam immer näher.
Paulinchen kroch gleich in einen Winkel.
Ich wartete gespannt.
Und plötzlich standen viele Leute aus unserem Dorf
vor der Höhle und guckten zu uns herein.
»Da sind sie!«, riefen sie.
»Wir haben sie!«
»Da sind sie!«
»Wir haben sie gefunden!«
So riefen sie in einem fort.
»Jetzt ist alles aus«, dachte ich.

Es war aber nicht alles aus.
Zwar nahmen sie Paulinchen und mich wieder mit.
Doch als wir zu Hause ankamen, nahm mich Mama
auf den Arm und Papa sagte:
»Wir haben es uns überlegt. Paulinchen soll bei uns bleiben.«
Da dachte ich:
»Die großen Leute sind doch ganz vernünftig.
Man darf nur nicht die Geduld mit ihnen verlieren.«
Und ich gab allen vor Freude einen Kuss.
Auch Hippi und Paulinchen.

So hatte alles ein gutes Ende genommen.
Paulinchen war eben doch ein richtiges Glücksschwein.
Seht nur, wie groß es inzwischen geworden ist.
Eins möchtet ihr zum Schluss sicher noch gerne wissen:
wie Paulinchen damals die vier Löcher für seine Beine
in den Sack machen konnte.
Das kann ich euch allerdings auch nicht sagen.
Denn obwohl ich Paulinchen schon oft danach gefragt habe,
hat es mir dieses Geheimnis bis heute nicht verraten.

© Privat

Hans Limmer ist irgendwo südlich des Rheins oder östlich der Donau geboren, es kann auch umgekehrt gewesen sein, er hat's vergessen. Er erinnert sich aber genau, dass er geboren ist. Schon vier Jahre nach seiner Geburt beschäftigte er sich mit Büchern, was er 83 Jahre später noch immer tut. Doch sein jugendliches Aussehen hat sich kaum verändert. Jetzt lebt er in Griechenland. Er hat zahlreiche Kinderbücher verfasst, darunter »Mein Esel Benjamin«.

© D. Lass

David Crossley arbeitete lange Zeit als Fotograf, Redakteur und wissenschaftlicher Journalist. Er beschäftigte sich außerdem mit künstlerischer Fotografie und war Mitbegründer und Präsident des Houston Center for Photography. Die Fotos für »Paulinchen« entstanden 1969 in Griechenland. Seit 1992 beschäftigt sich David Crossley hauptsächlich mit Problemen des globalen Klimawandels. Er gründete die gemeinnützige Organisation Houston Tomorrow, deren Präsident er derzeit ist.

TULIPAN-Newsletter
Tolle Lesetipps kostenlos per E-Mail!
www.tulipan-verlag.de

© Tulipan Verlag GmbH, München 2015
Alle Rechte vorbehalten
Neuauflage der Erstausgabe von 1970
1. Auflage 2015
Text: Hans Limmer
Fotos: David Crossley
Gestaltung: www.anettebeckmann.de
Druck: Grafisches Centrum Cuno GmbH & Co. KG, Calbe
Gedruckt auf Papier aus nachhaltiger Forstwirtschaft
ISBN 978-3-86429-227-9